놀리면 허허 웃고 마는 사람

오름시인선 · 29
놀리면 허허 웃고 마는 사람

펴낸날_2015년 10월 26일
지은이_노수승(kgdeco@naver.com)
펴낸곳_기획출판 오름
등록번호_동구 제364-1999-000006호
등록일자_1999년 2월 25일
주소_대전광역시 동구 대전로 815번길 125 2층 (삼성동)
전화_042.637.1486
팩스_042.637.1288
E-mail_**orumplus@hanmail.net**

ISBN_978-89-90151-34-6

값 8,000원

· 잘못된 책은 바꾸어드립니다.
· 지은이와의 협의에 의해 인지는 생략합니다.

오름시인선 · 29

놀리면 허허 웃고 마는 사람

노수승

시인의 말

　청소년기에 친구들에게 "나는 일생에 시집 한 권은 낼 거야!" 라고 이야기 하곤 했다. 말이 씨가 되니 입조심 하라는 말이 있는데, 역설하면 장래의 꿈은 말로 자꾸 되풀이 하라는 말이 아닌가 싶다.

　그 말이 씨가 되어 첫 시집을 내는데 어언 40년이 걸렸다. 삶이 무엇인지, 가슴에 뜨거운 멍울 하나 키우다 삭히다 한 세월이다. 첫 시집을 발간하려니 부족하다는 생각이 앞서지만 이렇게라도 시작하는 것은 먼저 매를 맞고 발전하자는 마음의 결정이다.

　그리운 사람들, 시간, 그 곳에 시를 통하여 만나고 여행하는 일은 무척이나 행복했고, 설레는 일이었다. 지면을 통하여 그들에게 감사의 마음을 전한다.

2015년 10월
노수승

차례

시인의 말 | 5

1부
귀산국민학교

골담초 | 12

천렵 | 13

대봇둑 | 14

강아지풀 | 15

귀산국민학교 | 16

놀리면 허허 웃고 마는 사람 | 18

수태네 집 | 20

연미산 | 22

소롱골 | 24

귀산리 | 26

서낭댕이 | 28

국밥 한 그릇 | 30

저녁 풍경 | 31

쥐불놀이 | 32

2부
안개

힘 빼는 일 | 34

일몰 | 36

안개 | 37

장동의 봄 | 38

누렁이 | 40

갈잎 | 41

소묘 | 42

9월산행 | 43

채송화 | 44

팔월의 산 | 45

오솔길 | 46

김매기 | 48

풀꽃 | 49

상신리 | 50

산수유 | 52

부다페스트 | 53

파도 | 54

3부
새싹에게

꽃 | 58

이발 | 59

죽녹원 | 60

사랑 | 61

눈 오는 날 | 62

망춘望春 | 64

귀마개 | 65

음악회 | 66

입영 | 67

새싹에게 | 68

껌 할머니 | 70

나박김치 | 72

폐지 프레스 | 73

신도시 나팔꽃 | 74

철鐵 나비 | 76

러닝머신 | 78

4부
말하지 않기

갑천의 밤 | 80

굴렁쇠 1 | 82

굴렁쇠 2 | 84

매실 | 86

말하지 않기 | 87

종합검진 | 88

좋은 날 | 89

비단잉어 1 | 90

비단잉어 2 | 91

겨울나무 | 92

감사 1 | 93

감사 2 | 94

하늘 보기 | 95

노수승 시집 『놀리면 허허 웃고 마는 사람』을 말하다.
사물을 깨닫는 시력視力, 그 어울림의 영상 | 김용재 | 96

1부

귀신국민학교

골담초

한적한 초가 마당
골담초 울타리

봄이면 벌 나비 떼
초가집 꽃 잔치

친구야 친구야
골담초꽃 한 움큼
예처럼 함께 나누련

천렵

소달구지
덜컹 덜컹
양은솥 양은그릇
몸 기대고 천렵 간다

하얗게 분바르고 눈썹 그린
아주머니 얼굴이
봄볕에 곱다

농사일 앞두고
겨우내 움츠린 몸
상큼한 풀 냄새에
오금이 풀린다

니나노 닐리리야를
한 바탕 찾고나면
농사가 풍년이다

대봇둑

공주에서 서울 가는
대봇둑 자갈길
차 한번 지나가면
흙먼지 비처럼 쏟아진다

그래도 촌놈들에겐
그 흙먼지가
향긋한 매연과 함께
문명의 동경물로만 여겨졌다

뒷동산에 올라 보면
빨간색 두 줄 두른 신형 버스가
누이 사는 서울을 향하여
바삐 달려간다

먼지를 길게 쏟으며
대봇둑을 숨긴다

강아지풀

길가에 강아지풀
우물가에 강아지풀
냇둑에 강아지풀

꽃밭에 강아지풀
뜨락에 강아지풀
돌절구 밑에 강아지풀

초가지붕에 강아지풀
기와지붕에 강아지풀
귀목나무에 강아지풀

이슬 먹은 강아지풀
달빛에 강아지풀
비 맞는 강아지풀

워리워리 강아지풀
간질간질 강아지풀
고향 산천에 강아지풀

귀산국민학교

문필산 등 너머로
먼동이 트면*

측백나무 울타리 가득
참새소리 열리고

아름드리 플라타너스 잎사귀
간질이는 매미 울음

어둑한 목조 천장에 매달려
낮잠 자는 박쥐

타래박 우물에
차례 기다리는 아이들

서쪽하늘 노을이
붉게 타던 유리창

몽당연필 깎아 주시던
일학년 삼반 담임선생님

* 공주 귀산초등학교 교가 첫 소절

놀리면 허허 웃고 마는 사람

주변 마을 잔칫날이면
영락없이 찾아와 걸지게
한상 받는 이.
아이들이 병태야, 병태야, 하고
놀리면 허 허 웃고 만다.
그의 형님이 유명 정치인이라는 말이 있고,
누군가는 그가 멋진 필체로 한자를
잘 쓰고 실은 아주 유식하다고 했다.
허허실실 웃는 모습으로 보아
정상적인 사람이 아니라는 것을
아이들도 잘 알고 있었다.
가끔은 혼자서 하늘을 보며
파안대소하기도 한다.
바른 걸음걸이에 정면을 직시하는 눈동자
쉰은 넘긴 듯한 미남형인 그는
놀리는 아이들에게도 관대하다.

지금에 와서 생각하니
그가 누구였는지
부러운 생각이 든다.
놀리면 허허 웃고 마는 사람.

수태네 집

부르르릉
찻소리 흉내 내며
벗 찾아 내달리던
찔레꽃 오솔길

붉은 함석지붕
초가지붕 내려 보며
정겹게 품에 안은
측백나무 울타리

뒤뜰 굴뚝 옆에
산고양이 둥우리
처마 밑에
할미새 둥우리

그네 타던 왕소나무
새들 노래하는
뒤꼍 대숲

발길 닿던
수태네 집
찔레꽃 오솔길

연미산

학창 시절 텅 빈 집에 돌아와
허전한 마음으로 앞산 바라보면
아버지처럼 무어라 말해 주던 산

봄이면 산벚나무 꽃 한 아름 안고 찾아와
문풍지 울리던 혹한 위로하며
가슴에 희망 싹틔워 주던 산

저쪽으로 먹구름 몰려가면
이내 비 온다고
어머니 가르쳐주신 그 곳

연미산 끝자락 서녘에 해 닿으면
하루는 이렇게 아름다운 것이라고
햇무리 띠며 가르쳐 주곤
하루를 돌아보게 한다

밤새 거센 눈보라를 견디고도
하얀 중절모 눌러쓴
우직한 아버지 모습으로
아침이면 말없이 용기되어 주던 산

소롱골

비행기 똥 새털구름처럼
풀어지던 하늘

높이 멈추어
나불대는 종다리

스숙밭
녹빛 짙어 갈 때

뽕나무밭둑
그늘에 주저앉아

흙장난하다
졸다

산 그림자
소롱골에 길게 누우면

김매던 어머니 따라
귀가길 재촉하던 덤벙 걸음

귀산리

초등학교
뽀오얀 운동장
아래 마을

시간마다 들려오는
쟁쟁하던
학교 종소리

깃대 앞세우고
풍악을 울리던
동리 장정들

새참으로
맹물 한 사발에
간장 한 술 저어 마시던
아버지

어머니는
한恨 되지 않게
'아버지'를
실컷 불러 두라 하셨다

2월의 칼바람이
애송이 거친 삼베옷 속으로
바늘끝처럼 침투했다

서낭댕이

쌍신리 어귀
서낭댕이
청 홍 백 황 녹
오색 헝겊이
흩날리는 눈발 속에
너불거린다.

변변찮은 병으로
죽기도 하고
앓기도 하는 시대
기댈 곳 없는
인간의 비애가
너불거린다.

가끔 새로 매어진
빛깔 선연한
오색헝겊의 파문이
지나는 사람들의
가슴속에
여울지곤 했다.

국밥 한 그릇

공주 장날
시장 골목 국밥집

어머니와 마주 앉았지만
국밥은 한 그릇 뿐이었네

허겁지겁 다 먹고 나서야
흐뭇하게 바라보시는
어머니 얼굴 보았네

반세기가 지난
지금에 와서도
가끔 목이 메어옴은,

국밥 한 그릇의
아린 추억으로
기억할 수밖에 없음이네

저녁 풍경

서쪽하늘에
저녁노을 섧게 물들면

뒷산 자락 감아 도는
하얀 굴뚝연기의 향연

뻐꾸기 바삐 울며 떠난 자리
소쩍새 애간장을 태운다

매큼한 모깃불 연기
나풀거리는 호야에 자욱하고

달처럼 둥근 명석에
별빛 맞으며 여울지는 이야기

쥐불놀이

고래고래
월미리 나와라
귀산리 나와라

두 마을 사이로 흐르는
냇둑에 개보름이면
아이들 아우성이다

불 깡통 돌리면
속에서도
타오르는 열광이 있었다

달이 차듯
배부르게 먹는 날
신나는 날이다

2부
안개

힘 빼는 일

긴장한 어깨로
운동을 하면
생각대로 잘 안 된다

힘 빼는 데
몇 년 걸린다는 말이 있지만

나의 삶은
아직도 힘이 잔뜩
들어가 있다

인생에 있어
힘 빼는 데는
몇 년이 걸리는 걸까

욕심과 힘과의 관계가
오묘하다

욕심이 넘치면
필요이상의 힘이 작용하여
실패하고 만다는 사람도 있고

힘 빼는 일은
욕심을 조절하는 일부터
시작해야 한다고 말하는 사람도 있다

일몰

연미산 서녘
공동묘지 야산에
오로라처럼 번지는 것
누구의 회한의 외침일까

참회하는 자의
시뻘건 가슴팍

울컥 울컥 쏟아내는
통회의 한마당

안개

아무런 생각 없이
당신의 시야를
가리려 함이 아니었다

당신이 다가옴으로
한 겹 한 겹 껍질을 벗기며
세상을 보도록 함이었다

멀리 보기보다
가까이 보이는 것을
가슴에 담게 하고,

소중함을 잃어가는
당신의 이웃도
더욱 가까이 보게 함이었다

내 이름 사랑일까
소통의 길 짚어내리

장동의 봄

봄보리 빛 짙어가는
뻐꾸기 소리

밤늦도록
영산홍 토해내는
소쩍새 울음

항아리 같은 고을에
그 맑은 울림으로
청매실 꽃 터지고

사선으로 내리는 빗줄기
장동은 봄으로 깨어나
두런두런 향기를 발한다

계족산성의 옛 함성은
성벽에 이끼로 아롱지고

바위에 뿌리내린
산성지기 느티나무
푸르름을 먹고 있다

아지랑이 춤을 춘다
산빛이 출렁인다

누렁이

그 눈 들여다보면
참으로 맑기도 하지
거짓이라곤 찾아 볼 수 없네

황토흙 마당에 배지 깔고 누워
지그시 눈 감고 껌벅이며
근심 하나씩 헤아려
삭이기라도 하는지
가끔 한숨짓는 것이,

누구의 시비도 잠시 경계할 뿐
금시 고친故親으로 여기네

주인 없어 끼니 거를 때도
불평 없이 빈 그릇만 핥으며
허기진 배를 하고서도
주인이라면 사족을 못 쓰는
쓸게 빠진 놈

갈잎

지나는 바람의
손길에 잡혀
길 나서면
가을 어귀 지나
어느 곳에 앉을까

푸르른 날들을
헤아려 준비한
외마디 몸짓

가는 길이
춤이런가
노래런가
바람이런가

소묘

갑천에 밤이 오면
나그네처럼 찾아오는
바람의 날개

은빛 물결
도란거리는 자장가로
도시를 잠재운다

네온 불 일렁이는 물가
깃 다듬는 철새의 눈망울
그리워 별빛인가

돌미나리 향 그윽이
사락대는 갈대숲

숨죽인 개개비 둥지에
달빛이 번하다

9월산행

물빛 하늘
구절초 오솔길
솔 바람결에
목덜미 시리다

넌지시 드리운 햇살이
투명한 계곡물을 시새우니
가을 산이 일렁인다

바람에 내어준 몸
남실남실 세상구경
뼈마디 아리도록
춤추는 수목

코스모스 신작로
초가을 풍경에 겨워
뽀오얗게 앓아 누웠다

채송화

이른 아침 햇살에
구겨진 얼굴 펴는
앉은뱅이 누이의
떨리는 입술

나직한 겸손
알량한 이파리로
피워 올린
고결의 미소

꽃 진 자리
씨방 속 가득
알알이 연모의 속내
담아 놓고

퇴색한 옷
벗어놓은 자리
호흡만 남기고
어디 가셨나

팔월의 산

계곡 물소리
산벚나무 매미소리
나를 부르네

팔월의 산은
수목을 잉태한
만삭의 여인

바위 빛 짙어가고
산새소리
더욱 영롱한
옹골진 청춘이다

오솔길

아파트 정원에
오솔길이 나 있다
걸어보니 정겹다

수많은 사람들의 발자국이
만들어 낸 흔적이다

아스팔트나
콘크리트 위에는
오솔길이 생기지 않는다

오솔길은 자연과 더불어
시나브로 만들어 진다

생명력 질긴 풀도
사람이 다니는 길은
양보 한다

오솔길은
자연과 사람이 만든
화해의 산물이다

김매기

텃밭 풀 맬 때는
의기양양 했다

기세등등한 풀
때문이다

되돌아보면
깨끗해진 세상이다

그러나
어쩌다 가냘픈
풀꽃을 만나면
동요가 인다
야릇한 체험이다

남새밭에
풀꽃 한 포기 남겨두고
밤새 궁금하다

풀꽃

박토薄土 길섶에서
누굴 기다리시나

지나는 산들바람에
부끄러워 떨고 있네

향기도
빛깔도 없이
작아서 서러워라

마음 비워야
비로소 보이는

가까이 보아야
비로소 보이는 풀꽃

만나서 부를 이름 있어
그 이름 나지막이
불러보면 좋겠네

상신리

계룡산 뒷자락
삼불봉 바라보며

굽이굽이
깊은 골에 누웠다

산 찾는 발길
벗 삼아 살아온

켜켜이
돌담에 쌓인 세월

고봉들의 키 재기
한 폭의 병풍이다

사철 변하는
계룡의 풍취

뜨락까지
내려앉는다

산수유

채 봄기운 돌기 전
산과 들은
아직 삭막한데

봄볕을
얼마나 연모 했는지

토설吐說 하듯
일찍이 찾아온
노란 파마머리 여인.

부다페스트

성벽에
비둘기 날고,

포탄에 파인 자국
들꽃 피었네

장구히 흐르는 도나우
백년을 달리는 지하철

백마 탄 영웅상 아래
역사의 전설을 이야기 하듯
웅 웅 울어대는
악사의 첼로 소리

부다의 성벽이여
페스트의 굴뚝이여
천년의 꽃이여

* 동유럽 여행중에 헝가리 부다페스트에서.

파도

갯바위
영嶺마루
넘어 보겠다고
내달리던
삼, 사십의 기백

깨어지고 부서져
고운 뻘 모래에
몸 부비며
비우기 연습한다

반짝이는 햇살에
누워 뒹굴며
남기고 싶은 말
되뇌고 되뇌어

내일이면 다시
지우고 그려야할
숨결의 테를
해변에 남기고 간
파도여

3부

새싹에게

꽃

병실에 들어서면
피어나는 꽃

어머니의 미소가
꽃처럼 피어나네

평생 나의 꽃으로
사셨을 진데,

이제야
소중한 꽃으로 보게 되니,

인색함도
따라서 고개 숙이네

이발

머리카락의 무게가
이렇게 무거웠던 것일까

머리를 자르고 나면
파란 하늘처럼
발걸음이 가벼워진다

머리카락과 함께
잘려 나가는 것이 있어
그럴 것이다

미워함과 위선
괜한 근심이
그들이면 좋겠다

이발은 마음까지 가다듬는
의식이다

죽녹원*

정원의 작은 물길에
반짝이는 햇살

아지랑이 아질아질
잔디밭에 뒹군다

대숲에서 하늘을 보면
두레박 물 긷던
우물이 생각난다

하늘빛 더욱 푸르고
뭉게구름 지나가면
우물속 초년의 얼굴이 아른하다

댓잎 사이로
지나간 시간들이
쏟아진다

* 죽녹원 - 담양에 위치한 대나무숲 공원

사랑

사랑은
산 넘어 물 건너
어스름 왔다가

어느 날
토실하게 여문 밤
툭 떨어지듯 다가선다

가슴에
냉큼 찾아와
아리게 파문 일 때면

사랑은 이미
마음을 틀어쥐고서
함께 떠나자 한다

눈 오는 날

눈 오는 날
나무는 몸 내어주고
살아온 분량으로
눈을 맞이한다

어린 가지는
자신의 약함을 알기에
눈의 무게를
몸 숙여 내려놓지만,

우람한 가지는
눈의 무게를 견디다
못내 꺾이기도 한다

무릇 겸손함과 교만함
약함과 강함이
진정 눈의 무게일까
마음의 무게일까

눈 오는 날
눈 쌓인 나무를 보며
고추 헤아려본다

망춘望春
- 태양의 노래

세월의 갈피마다
노을빛 지문을 남기며

외길로 외길로만
살아온 천년의 세월

봄이 오면
한결같은 초심의 애정으로
한 낱 풀꽃인들
다시 피워 내리니

넉넉히 봄을 고대하는
산야의 혈맥이여
나의 흐노는 영혼이여

귀마개

귀마개를 하면
세상 편하다

밀려오는 정보
귓전에서의 다툼

이젠
진실과 거짓이
동거하는 세상

차라리 귀마개를 하고
향기로
눈빛으로
표정으로
더욱 진실 되게
세상을 보고 싶다

귀마개를 하면
세상 편하다

음악회

탈피한 곤충들의 허물
심장만 발근발근

져며드는 울림으로
후련히 녹아내리는 속물

비워진 속내에
환희의 봇물 밀려와

일탈의 자유 머금고 흐르는
정갈한 눈물이여

입영

살
한
점
뚝 떼어
두고 온
하늘이 붉다

새싹에게

세상을 품을 준비는 되었는지?
아직은 너의 연한 볼에 애리는 바람이 일고
번거로운 사람들의 관심 없는 눈빛이
너를 실망시킬지도 몰라
세상을 녹빛으로 물들이려는 너의 의지에
혹한을 견디며 기다려온 사람들이
너를 반길지라도 세상이 모두
네 편이 아니라는 걸 알아야 돼
저들만의 필요한 환경을 만들기 위해
너를 못살게 굴고, 밑동을 송두리째 잘라
영문도 모른 채 조금씩 말라가며
숨을 거두는 일이 종종 있어
대기는 예전 같지 않아 모두 호흡하는데
힘겨워하는 모습이 안쓰럽다
삼월 볕 아래 새로운 세상으로 너를
내보내려는 대지의 외침을 들으며
신록의 꿈에 마음이 설레기도 하지
너로 인하여 생명의 위대함을 확인하며

봄이 주는 활력을 너와 함께
만끽하는 세상이면 참 좋겠다
금가지 않은 소망을 너에게로 보낸다.

껌 할머니

철 구분 없는
남루한 입성에
골 깊은 얼굴

언제나 미소로
말을 대신하시던
껌 할머니

왜 안 오시나
기다려진다

삼복더위 무서워
안 오시면 다행이고,

찬바람 나면
다시 오시려나

추부에서 버스타고
오신다는 것 외에
아는 것이 없으니

◎ 추서追書

  찬바람이 나고

  겨울이 가고

  이듬 해

  따스한 봄이 와도

  껌 할머니는

  안 오신다

나박김치

학창시절
어머니 또박 또박
가르쳐 주신 나박김치

자취방에서
좋아하는 나박김치라도
담가 먹으라고,

어머니 또박 또박
가르쳐 주신 나박김치

지금도 나박김치 먹을 때면
컬컬한 맛 목에 걸려
부질없이 눈물짓네

폐지 프레스

소지품 내려놓고,
삭발하고서
옷 벗은 채로
유토피아 가는 길

과거의 이력은
모두 덮어두고 새로이
태어날 준비는 되었는가

헐값으로 죽어도
다시 태어날 땐
번듯한 모습에
예쁜 옷 입혀
멋진 이름도 지어줄 테니,

혼쭐 내어 놓고
잠시 쉬어 가시게

* 폴란드 아우슈비츠 수용소를 다녀와서 폐지 프레스(폐지를 압축하여 뭉치는 기계)를 보다.

신도시 나팔꽃

문명의 이기
반지라운 전봇대
품에 꼭 끌어안고
하늘로 자라

하고 싶은 말 무엇인지
나팔 모양으로
아침 녘 곱게 나선
벙어리 꽃이여

한 낮이 오면
입술 깨물듯
다물어 버리는 오기
우리는 그 언어를
들어야 하리

꿈속의 환영처럼
입술만 달달 타는 속내
씨방 속 깊이 묻어 두고
찬 서리 내리는 가을녘
누렁잎 가쁜 숨
힘겹게 몰아쉬고 있네

철鐵 나비

쟁 쟁
망치소리 머금은
철 나비 몇 마리
정원에 들였다

이별이 싫었던 나는
불똥 튀는 용접봉으로
철나비를 난간대에
꼭꼭 잡아 두었다

춤으로 울고 웃는 나비가
우리 집에선
소리 내어 울기도 한다

쟁 쟁
울어대는 철 나비 보면
이별해야 할 때 이별 못 한
분한 그 마음을 알 수 있다

나비는 분명,
하늘 가 춤사위가 그립다

또 이별이다
나비를 날려 보내기로 마음먹고
이별 없는 만남이 어디 있냐고
자책한다

러닝머신

지금 어디쯤일까
제자리이지만
분명 어디론가 가고 있는
현대인의 지평

출발한 곳이 목적지인
이동거리 없는 여정 속에
일상이 고스란히 녹아

과거를 여행하고
내일, 아주 먼 후일을
여행하는 타임머신

4부
말하지 않기

갑천의 밤

일상을
고스란히 담아
밤새 씻어 준다

별빛, 달빛, 가로등 불빛
얼굴 담그고
도시를 밝힌다

아파트 회벽이
가로누워 있다
밤마다 가슴팍을
안식처로 내어 준 것이다

도시의 배설을 마다않고
가슴에 품어 치유하듯
지절대는 숨소리

질척한 시궁의 속살로
지어내는 은빛 파문은
도시의 희망이어라

굴렁쇠 1

혼자서
살아 갈 수 없어
누군가를 기다린다

언제쯤
나를 굴리는 이가 나타나
나의 생명 다시금 살아날까

그가 나를 굴리다
멈추어 선 그 곳에서
가만히 누워
숨 고르며
뒤 돌아보면,
나를 앞세워 밀어 주는
그의 헌신적인 사랑에
눈물이 묻어난다

그가 나를 다시 세워
어느 곳 향하여 갈까

나는 그의 누구인지,
그의 가는 길에
앞장서 함께 가면
나의 길이 되고
함께의 삶이 된다.

굴렁쇠 2

슬며시
곁눈질하다
비틀거린다

뒤를 한번
돌아보려다
넘어지고 만다

멈추지 않고
앞으로만
굴러야 하는 신세

어디로 가는지
알 수는 없어도
앞장서서
언제나 길을 연다

밀어주는 만큼
이끌어주는
그렇게
길잡이로 살아
참으로 둥글다
둥근 눈망울이다

매실

화선지에 농묵 번지듯
꽃으로 피어나

온갖 세월의 정취
흠뻑 맛으로 머금고

한 번 깨물면
시고 달고 쓰고 떫고

웃음도 아닌
울음도 아닌

세상이
이런 맛인가 싶은 게

별난 표정으로
하늘 한 번 보게 하네

말하지 않기

나무는
바람의 소리를
들려주고
바람은
나무의 소리를
들려주네

말하지 않아도
서로의
몸짓이 되어
진실을 보여주네

말하지 않아도
서로의 수식 없는
언어가 되어
진실을 들려주네

종합검진

가끔 속을
들여다 볼 일이다

자아를
잊고 살 때가 많다

속에서
어떤 비밀스런 악마가
자라고 있는지도 모른다

너무 자라기 전
돌이켜
회개하면 그만이다

구세주가 계시니
감사할 일이다

좋은 날

오늘이
좋은 날이라

하나님
사랑으로
호흡 있으니.

오늘이
좋은 날이라

하나님
사랑으로
하루를 살게 하시니.

비단잉어 1

하늘에 매달린 밥을
먹고 산다

밥 한 알 채고는
쏜살같이 도망친다

하늘이 무섭긴 나도
마찬가지다

기여 없이 사는 일이
고마울 뿐이다

비단잉어 2

감사 감사
비단잉어는 입에
감사를 달고 산다

태어나면서
배운 것이라곤
기여 없이
먹이 채는 일이기에
감사할 뿐,

감사하는 일이
호흡이 되었나보다

겨울나무

겨울 오면
사른 몸 꼿꼿이 세워
기도하는 나목

겸허히
신록의 풍요
모두 내려놓았다

야윈 가지
칼바람 불어와도
아린 각질피부에
오롯이 봄은 오리니,

하늘 향해
흐노는 가지
몸짓으로 순종하는
겨울나무여

감사 1

가난한 어머니를 주셔서
물질의 필요함을 알게 하시고
열심히 일하게 하시니 감사

기도의 어머니를 주셔서
능력의 하나님을 알게 하시고
기도하게 하시니 감사

용서의 어머니를 주셔서
자비하신 하나님을 알게 하시고
용서를 배우게 하시니 감사

사랑의 어머니를 주셔서
자녀의 소중함을 알게 하시고
자녀를 사랑하게 하시니 감사

감사 2

내게 견딜 시험 있음이
감사의 제목이라

감당할 수 없는 시험은
당치 않으니
어떤 시험인들
마다하리오

연단 후에 오는
성숙함으로
당신 향한 사랑은
더욱 뜨거우리니
감사함으로
모든 시험 이기게 하소서

* 사람이 감당할 시험 밖에는 너희가 당한 것이 없나니……. 고전 10장 13절

하늘 보기

울적할 때
하늘 한 번 바라보면

여기, 내가 있다고
말씀하시는 분 있다

매일 하늘 한 번
바라보며

그분 모습
만나면 좋겠네

노수승 시집 『놀리면 허허 웃고 마는 사람』을 말하다

사물을 깨닫는 시력視力, 그 어울림의 영상

김용재
시인, 한국문학시대 명예회장

I

광복 후 월남한 안수길은 단편 「여수(旅愁)」에서 "추억에 잠기는 것은 피로의 증거이고 전진하는 기력이 상실된 증거이기도 하다"라고 전한 바 있다. 불안한 시대를 기억하는 아픔이 작가의 몸에 밴 상태가 아니었을까 짐작케 한다.

그러나 오늘을 사는 사람들의 추억은, 추억을 꺼내보는 사람들의 감정이나 생각의 향방에 따라 나른한 것도 무거운 것도 아픈 것도 불행한 것도 모두 감미로울 수 있고 아름다울 수 있고 새롭게 생기를 불러일으킬 수도 있다.

옛 강물 그리워서 봄 따라 나왔더니
물도 그도 다 가시고 봄도 그 봄 아니온데
호올로 아니 간 것은 내 맘인가 하노라

물 건너 하늘가에 떠도는 구름같이
뭉쳤다 바람 따라 헤어지고 마는 것을
지금도 고개 돌리니 곁에 선 듯 하여라

그 옛날 이 모래 위에 서로 쓴 두 이름은
흐르는 물에 씻겨 길이길이 같이 예리
몸이야 나뉘시온들 恨할 줄이 있으랴

- 이은상 「옛 江물 찾아와」 전문

여기 추억을 새긴 이은상의 시조 「옛 江물 찾아와」는 읽고 또 읽어도 감미롭고 아름답고 새롭게 생기를 불러일으킨다. 흘러가고 떠나가고 지나가고 하는 세월의 상관물들이 내 마음의 지배입장에 따라 듬뿍 그리움이 되고 아름다움이 되고 한恨 할 줄 모르는 생기를 불러 모으고 있다.

그래서 시인의 가슴을 통과한 추억은 죽는 날까지 상하지 않는 시의 씨앗으로 싹트고 시의 나무로 크게 자라곤 하는 것이다.

여기 노수승 시인의 시는 근본적으로 추억에서 건져 올린 삶의 단편들이다. 그래서 더욱 가깝고 따뜻한 거리에서 그의 시를 만날 수 있고 어렵지 않게 안정적으로 감상할 수 있게 된다. 제1부의 시편들이 대부분 이 계열이 되겠는데 먼저 「귀산국민학교」를 살펴본다.

문필산 등 너머로
먼동이 트면*

측백나무 울타리 가득
참새소리 열리고

아름드리 플라타너스 잎사귀
간질이는 매미 울음

어둑한 목조 천장에 매달려
낮잠 자는 박쥐

타래박 우물에
차례 기다리는 아이들

서쪽하늘 노을이
붉게 타던 유리창

몽당연필 깎아 주시던
일학년 삼반 담임선생님

* 공주 귀산초등학교 교가 첫 소절

- 「귀산국민학교」 전문

옛 이름을 그대로 쓴 귀산국민학교는 시인이 다닌 초등학교다. 측백나무 울타리에 열리는 참새소리, 플라타너스 잎사귀를 간질이는 매미울음, 천장에 매달려 낮잠자는 박쥐, 우물물 차례 기다리는 아이들. 노을이 붉게 타던 유리창, 그것만으로도 그리움이 남긴 한편의 그림이 되고 참 아름다운 추억이 된다. 그런데 더 잊을 수 없는 한 분이 있는데 몽당연필 깎아주시던 담임선생님이다.

그 담임선생님의 사랑으로 오늘의 노수승이 있고 그 몽당연필의 힘으로 오늘의 시인이 되었고 귀산국민학교의 추억으로 시의 나무가 굵게 자라고 멀리 가지치고 있는 것이 아닐까 생각해보게 된다.

이제 추억은 낡은 수첩같은 것이 아니다. 이제 추억

은 버려진 잡동사니 같은 것도 아니다. 이제 추억은 과거에만 존재하는 것도 아니다. 과거에서 불러오지만 이제 추억은 추억을 꺼내드는 현시점의 것이다. 나뉘어 있어도 한恨 으로 새기지 않는 시심은 역시 아름다운 것이다.

  주변 마을 잔칫날이면
  영락없이 찾아와 걸지게
  한상 받는 이.
  아이들이 병태야, 병태야, 하고
  놀리면 허 허 웃고 만다.
  그의 형님이 유명 정치인이라는 말이 있고,
  누군가는 그가 멋진 필체로 한자를
  잘 쓰고 실은 아주 유식하다고 했다.
  허허실실 웃는 모습으로 보아
  정상적인 사람이 아니라는 것을
  아이들도 잘 알고 있었다.
  가끔은 혼자서 하늘을 보며
  파안대소하기도 한다.
  바른 걸음걸이에 정면을 직시하는 눈동자
  쉰은 넘긴 듯한 미남형인 그는
  놀리는 아이들에게도 관대하다.
  지금에 와서 생각하니

그가 누구였는지
부러운 생각이 든다.
놀리면 허허 웃고 마는 사람.

- 「놀리면 허허 웃고 마는 사람」 전문

이 시 역시 추억에서 꺼낸 어떤 한 사람에 대한 이야기이다. 그 어떤 한 사람이 정상적인 사람이 아니고 쉽게 말해서 미친 사람이다. 그런데 이 사람은 특이한 반응을 보여왔고 이제 와서는 오히려 부럽기까지 한 사람으로 부각이 되고 있다.

시에서 드러나는 이 사람은 형님이 유명 정치인이고 필적이 좋으며 유식하다. 혼자서 하늘 보며 파안대소하는, 오십 넘은 미남형이다. 그런데 아이들이 이름 부르며 놀리면 허허 웃고 만다. 정상을 벗어난 사람이란 걸 아이들도 잘 안다. 그런데도 마을 잔칫날이면 한 상 대접을 받는다. 지금 생각해보니 부럽기도 한 사람이다.

대체적으로 이런 내용인데 이 시의 시적 상승작용은 마지막 4행에서 나타난다. '지금에 와서 생각하니 / 그가 누구였는지 / 부러운 생각이 든다 / 놀리면 허허 웃고 마는 사람'이라고 하였는데 시사하는 바가 적지 않다. 시적 화자(시인)가 보는 이 시의 대상인물은 비록 미쳤지만 집안 주변도 괜찮고 유식한 사람이다. 남에게

해를 끼치지 않고 오히려 웃음으로 기쁨을 준다. 욕심이 없고 꾸밈이 없고 참으로 순수한 사람이다. 아마도 이런 것에 부러움을 나타냈을 것이다. 역설의 파장으로 이해할 수도 있지만, 그래도 추억과 역설은 현대를 질타하는 기재機材로 충분히 작용할 수 있는 것이다.

II

노수승 시인의 시적 감각은 추억에만 머물러 있는 것이 아니다. 현대를 운용하고 현실을 직시하는 시적 감각이 추억의 경우 보다 뒤떨어지지 않는다. 사물을 깨닫는 감각 이전의 시력이 건강하고 그 어울림의 영상이 명쾌하게 나타난다.

아무런 생각 없이
당신의 시야를
가리려 함이 아니었다

당신이 다가옴으로
한 겹 한 겹 껍질을 벗기며
세상을 보도록 함이었다

멀리 보기보다
가까이 보이는 것을

가슴에 담게 하고,
소중함을 잃어가는
당신의 이웃도
더욱 가까이 보게 함이었다

내 이름 사랑일까
소통의 길 짚어내리

　　　-「안개」전문

　안개는 연기처럼 부유浮遊하면서 실체가 미묘한 것이다. 앞을 가리는 것이며 분명하지 않은 것이다. 덧없는 것이며 사라져 없어지는 것이다. 그러나 우리들의 삶은 때로 안개 속을 주시하지 않을 수 없는 것이다.
　노수승 시인의「안개」는 안개 스스로 하는 말로 엮어져 있다. 그 안개의 존재 가치는 '껍질을 벗기며 / 세상을 보도록 함'이었고 '가까이 보는 것을 / 가슴에 담게 하고', '이웃도 / 더욱 가까이 보게 함'이었다. 그 이름은 사랑이며 소통의 길을 짚어내는 것이었다. 이 시인이 보는 안개의 이미지는 곧 사랑이며, 사랑은 소통의 길을 밝혀내는 아늑함 같은 것이었다. 소통의 길은 결국 소외疎外의 벽을 뚫는 현대인의 지혜인 것이다. 안개 낀 세상을 탐색하는 시인의 번쩍이는 눈빛을 그려보며 여기 영·미 쪽의 뛰어난 시 「안개」를 소개해 본다.

> The fog comes
> On little cat feet.
>
> It sits looking
> Over harbor and city
> On silent haunches
> And then moves on.
>
> 안개가 걸어온다
> 작은 고양이 발걸음으로.
>
> 조용히 엉덩이 붙이고
> 항구와 시가지
> 굽어보며 앉아있다
> 그리고는 움직여 사라진다.
>
> - 「안개」 전문

샌드버그(Carl Sandburg : 1878~1967)의 「안개」는 고양이의 이미지를 원용하여 사상주의(寫像主義 :

imagism) 경향을 나타낸 훌륭한 시로 알려져 있다. 단순한 의인화 비유법을 뛰어넘어 미국 산업사회의 민중의 생활속을 파고들어 그들의 고민을 생생하고 리얼하게 시심으로 투사했다는 평가를 받기도 한다. 다시 T.S.엘리어트의 〈J.앨프릿 프루프록의 연가〉 중 안개로 상징한 이미지를 살펴보자.

The yellow fog that rubs its back upon the windowpanes,
The yellow smoke that rubs its muzzle on the windowpanes
Licked its tongue into the corners of the evening,
Lingered upon the pools that stand in drains,
Let fall upon its back the soot that falls from chimneys,
Slipped by the terrace, made a sudden leap,
And seeing that it was a soft October night,
Curled once about the house, and fell asleep.

- The Love Song of J. Alfred Prufrock : LL. 15-22

유리창에 제 등을 비벼대는 노란 안개
유리창에 제 주둥이를 문지르는 노란 연기

혓바닥으로 그날 저녁의 구석구석을 핥고 다니다가
배수로에 고인 물웅덩이 위에서 꾸물대다가
굴뚝에서 떨어지는 검댕을 제 잔등에 받으며
테라스에 미끄러져, 갑자기 펄쩍 뛴 다음,
달콤한 시월의 밤이었음을 알아채고
집 주변을 한 바퀴 감아돈 뒤, 잠들어 버렸네

- J.앨프릿 프루프록의 연가 : 15행-22행

20세기 서구의 시단을 깜짝 놀라게 했던 엘리어트(T. S. Eliot : 1888~1965)의 이 연가는 안개가 동작하는 상징적 풍경에 의해서 주인공 자신이 사회적 공허감과 무력성의 분위기를 만들어내고 있다는 평가를 받고 있다.

연가라는 낭만적 암시와 희유적戱遊的인 섹슈얼리티의 독백을 통한 주인공의 의식세계는 안개의 이미지와 사상적 시대정신으로 함축되고 있다 할 것이다.

노수승 시인의 가능한 도전적 시세계를 위해서 비교개념으로 영·미쪽 큰 시인의 같은 의미망의 시를 제시해 본 것이다. 80~90년 전에 쓴 시인지라 시대적 차이는 있지만 아직도 그 빛이 꺾이지 않았음을 생각하면 독자들 역시도 참고할 가치가 충분히 있을 것이다. 다음 〈새싹에게〉를 살펴본다.

세상을 품을 준비는 되었는지?
아직은 너의 연한 볼에 애리는 바람이 일고
번거로운 사람들의 관심 없는 눈빛이
너를 실망시킬지도 몰라
세상을 녹빛으로 물들이려는 너의 의지에
혹한을 견디며 기다려온 사람들이
너를 반길지라도 세상이 모두
네 편이 아니라는 걸 알아야 돼
저들만의 필요한 환경을 만들기 위해
너를 못살게 굴고, 밑동을 송두리째 잘라
영문도 모른 채 조금씩 말라가며
숨을 거두는 일이 종종 있어
대기는 예전 같지 않아 모두 호흡하는데
힘겨워하는 모습이 안쓰럽다
삼월 볕 아래 새로운 세상으로 너를
내보내려는 대지의 외침을 들으며
신록의 꿈에 마음이 설레기도 하지
너로 인하여 생명의 위대함을 확인하며
봄이 주는 활력을 너와 함께
만끽하는 세상이면 참 좋겠다
금가지 않은 소망을 너에게로 보낸다.

- 「새싹에게」 전문

이 시는 새 삶을 시작하는 봄철의 새싹에게 세상품기의 안전한 준비태세를 주문하고 있다.

사람들의 관심없는 눈빛을 경계하고 세상이 모두 내 편이 아니라는 사실을 인식하며 나를 못살게 굴고 숨을 거두게까지 하는 못된 사람들을 철저하게 멀리하라는 메시지가 담겨있는 것이다.

그러면서 새싹은 신록의 꿈에 설레는 마음을 갖게 하고 봄이 주는 활력의 세상에 거는 기대감을 부풀게 한다.

마지막 행, 이렇게 '금가지 않은 소망을 너에게 보낸다'는 의미가 이 시를 더욱 새롭게 하고 인간세상에 대입해 볼 수 있는 암묵적 시심을 제공해 주기도 한다.

〈안개〉나 〈새싹에게〉는 대표적으로 보았지만 사물을 깨닫는 시력, 그 어울림의 영상이 비교적 아름답게 처리된 작품으로 볼 수 있을 것이다.

III

노수승 시인은 《한국문학시대》(2011년 6월)를 통해서 시인으로 문단에 데뷔했다. 〈갑천의 밤〉〈굴렁쇠1〉〈굴렁쇠2〉〈매실〉〈말하지 않기〉 등 5편이 우수작품으로 선정이 되었고 그 작품들에 대한 간략한 심사평을 필자가 썼다. 그 작품들이 이 시집에 모두 수록되었다. 사족일 것 같아 언급하기를 생략했다.

시의 길은 끝이 없다. 끝이 없기에 만족함도 없다. 한 편 한 편 흡족한 경우는 더러 있어도 전체적으로 아우르는 정상의 만족함이 없다는 것이다. 그래도 시인은 시를 써야 한다. 누가 알아주지 않아도, 누가 어울려들지 않아도 시를 써야한다. 기쁘게, 즐겁게, 보람있게 … 이런 말이 합세하면 가슴이 뿌듯해지기도 하지만 밥줄과 연결되고 사회적 관계와 이어지면 어쩔 수 없이 처량해지기도 한다. 그래도 시인은 시를 써야 한다. 할 말을 해야 한다.

 시집 『놀리면 허허 웃고 마는 사람』 발간을 축하하며 정진의 노력을 기대한다. 그리고 건강, 건필, 문운을 빈다.